AF586747

ASSOCIATION AMICALE

DES

FONCTIONNAIRES INDIGÈNES DES SERVICES AGRICOLES

DE

L'ANNAM

TRUNG-KY NONG-CHANH TOA NAM QUAN VIEN TIN MUC HOI

中圻農政座南官員信睦會

FONDÉE LE 11 OCTOBRE 1919

STATUTS

條例

HUÉ
IMPRIMERIE DAC-LAP
Bui-Huy-Tin & Cie
1926

Présidents d'Honneur

MM. LAN, Chef des Services Agricoles de l'Annam .....1919.

PIDANCE, Chef des Services Agricoles de l'Annam 1921-1924.

GILBERT, Chef des Services Agricoles de l'Annam 1925-19...

Membres Bienfaiteurs

S. A. R. le Grand Duc de Hoài-An ✱ Q. M. A. ✪.

MM. FARAUT Agent principal hors classe des Services Agricoles de l'Indochine en retraite

Nguyễn-văn-Nghi, Nguyên Trung-kỳ Tư-vấn Nghị viện Nghị-viên.

Membres fondateurs

MM. Lê-quang-Liên
Võ-Dương
Bùi-quang-Nhuận
Trần Thống
Nguyễn-Cảnh

MM. Nguyễn-tư-Ngộ
Nguyễn Thông dit Bạ ky
Nguyễn-đình-Hiến
Phạm ngọc-Nam
Hồ-Thông.

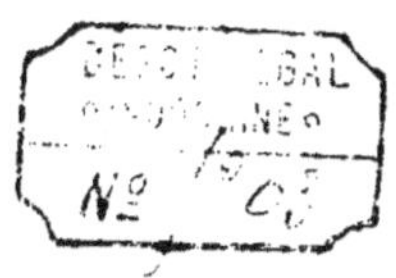

ASSOCIATION AMICALE
DES
FONCTIONNAIRES INDIGENES
DES
Services Agricoles Locaux en Annam

Procès-verbal de l'Assemblée Générale, Séance extraordinaire, des membres de l'Association Amicale des Fonctionnaires Indigènes des Services Agricoles Locaux en Annam tenue le samedi 27 Mars 1926 à 19 heures au bureau de l'Atelier de grainage des dits Services à Huế sous la présidence de M. Võ-Dương, Président de l'Association.

Étaient présents : MM. Võ-Dương
Trần-Thống
Hoàng-Thúc
Hồ-Thông
Nguyễn-Cảnh
Lê-quang-Liên
Võ-doãn-Minh
Phạm-ngọc-Nam
Trương-Tư
Nguyễn-Thông dit Baky

Excusés : MM. Nguyễn-tư-Ngộ et Nguyễn-văn-Tích.

Les membres de l'Intérieur absents qui se faisaient représenter sont :

MM. Ung-Ham, Hồ đoàn-Hiệp, Nguyễn-gia-Thi et Dinh-văn-Lac
par M. Lê-quang-Liên.

MM. Le-do-Ky, Huynh-ngoc-Phan, Hoàng-ngoc-Lien, Buu-Trac, Nguyen Chuan, Lam-duy-Tuyen et Nguyen van Dang
par M. Vo-Duong

MM. Nguyen-dinh-Hien, Ng-hoang-Hop, Lam-duy-Tu et Tran-ngoc-Du
par M. Ho-Thong

M. Tong-phuoc-Gi
par M. Tran-Thong.

* * *

Ordre du Jour :

1·) Revision générale des articles des Statuts et règlement intérieur.

2·) Réimpression des statuts après approbation de l'Autorité Supérieure.

3·) Fixation de la date de l'Assemblée Générale ordinaire pour 1926.

4·) Questions diverses.

* * *

1·) Revision générale des articles des Statuts et règlement intérieur.

En ouvrant la séance à 19 heures, le Président donne lecture, article par article, d'un projet de revision de statuts, projet qu'il avait préparé de concert avec le camarade Le-quang-Lien tout en priant l'Assemblée Générale de prêter attention sur les points importants envisagés.

Après discussions et rectifications dans le sens voulu, l'Assemblée Générale approuve à l'unanimité les modifications, additions ou suppressions proposées. (Voir nouveaux statuts).

En raison du nombre trop restreint des membres en service à Hué, le Comité central qui était précédemment composé de sept membres est ramené à quatre, à savoir : un Président, un Secrétaire, un Trésorier et un Conseiller Commissaire.

2·) Réimpression des statuts après approbation de l'autorité supérieure.

L'Assemblée Générale approuve la proposition faite par le Conseil d'Administration de réimprimer les statuts qui sont entièrement revisés, après avoir reçu l'approbation du Chef d'Administration Locale.

Le travail doit être exécuté dans la plus stricte économie afin d'éviter des dépenses trop onéreuses. Le nombre d'exemplaires à tirer sera donc en proportion avec celui des membres existants.

3·) Fixation de la date de l'Assemblée Générale pour 1926.

En raison de la revision des statuts, l'Assemblée générale ne peut avoir lieu dans le courant du mois de Mars. Le Président propose d'attendre l'approbation du Résident Supérieur pour fixer la date de cette séance.

L'avis reste partagé.

4·) Questions diverses.

Le Président insiste sur la nécessité de doter le plus tôt possible l'Association d'un local tout au moins en paillotte. Les membres présents s'en convainquent absolument, vu les inconvénients rencontrés chaque fois qu'il y a eu des réunions. Cependant, en raison des faibles disponibilités budgétaires actuelles de l'Amicale, ces derniers demandent de reporter la question plus tard.

L'ordre du jour étant épuisé, personne ne demandant plus la parole, la séance est levée à 22 heures 30.

Les membres présents :

Signés : MM. TRAN-THONG
HOANG-THUC
HO-THONG
NGUYEN-CANH
LE-QUANG-LIEN
VO-DOAN-MINH
PHAM-NGOC-NAM
TRUONG-TU
NGUYEN-THONG
dit BAKY

Le Président,

Signé : VO-DUONG

STATUTS

I

Formation et but de l'association

Article premier. — Il est fondé, pour compter du 29 Octobre 1919, entre les agents indigènes des Services Agricoles de l'Annam (cadre secondaire) une Association qui prend le nom de : « *Association amicale des fontionnaires indigènes des Services agricoles de l'Annam* ». Cette association a comme nom annamite : «*Trung-kỳ Nông chánh toà Tin-mục hội*».

L'association admet également parmi ses membres les agents techniques agricoles du cadre supérieur en service en Annam.

Son siège social est à Hué.

Art. 2. — Cette association a pour but :

1°) De développer entre ses membres des sentiments de camaraderie et de solidarité ;

2°) De venir en aide moralement et pécuniairement à ses membres et à leurs familles victimes d'une infortune ;

3°) De sauvegarder les intérêts professionnels de ses membres ;

4°) De soumettre à l'autorité supérieure toutes questions intéressant le corps et d'en poursuivre la réalisation par tous les moyens réguliers ;

5°) De faire des avances remboursables, exemptées d'intérêts, à certains membres (enfants ou frères) d'un camarade, ou à des camarades eux mêmes, qui n'ont pas les ressources suffisantes pour leur permettre de poursuivre leurs études dans une des écoles supérieures de la colonie.

Le maximum de chaque avance consentie ne doit pas dépasser la somme de deux cents piastres.

II

Composition de l'association

Art. 3. — L'association se compose :

1·) de membres d'honneur,

2·) de membres bienfaiteurs ou donateurs

3·) de membres honoraires ou perpétuels

4·) de membres actifs

5·) de membres fondateurs

Sont membres d'honneur ceux qui, par leur situation ou leurs libéralités,contribuent au développement moral et matériel de l'association, sans bénéficier de ses avantages.

La présidence d'honneur de l'association est offerte au Chef des Services Agricoles de l'Annam.

Sont membres bienfaiteurs ou donateurs ceux qui font à l'association une donation de vingt (20) piastres au moins, sans bénéficier de ses avantages.

Sont membres honoraires ceux qui cessant d'appartenir au cadre indigène des Services agricoles, continuent à payer les cotisations mensuelles et à participer aux versements spéciaux éventuels qui pourraient être ouverts, en cas d'insuffisance de ressources.

Les membres retraités sont membres honoraires.

Après une période de vingt ans de versements réguliers de leurs cotisations mensuelles, les membres retraités ou non sont déclarés membres perpétuels et dispensés de toutes cotisations.

Les membres perpétuels bénéficient de droit aux avantages prévues par le titre VIII

Sont membres actifs les agents commissionnés de tous grades et classes (les agents temporaires exceptés) des Services agricoles de l'Annam admis dans l'association et ayant droit à ses avantages.

Art 4. — Les membres qui ont contribué à la formation de l'Association en Octobre 1919 sont nommés membres fondateurs de l'Association. Ils jouissent des mêmes avantages et sont soumis aux mêmes obligations que les membres actifs (art. 3 parag. 4).

Art. 5. — A titre exceptionnel peuvent également être admis comme membres actifs dans l'Association certains agents appartenant aux Services Agricoles des autres pays de l'Union Indochinoise et originaires de l'Annam.

Pour être membres, ils doivent être connus et présentés par un membre de l'Association, et avoir au préalable obtenu à cet effet l'autorisation des Chefs d'administration locale sous l'autorité desquels ils sont placés.

Outre les avantages prévus par le titre VIII, les membres admis à titre exceptionnel ne peuvent prétendre à aucune intervention faite en leur faveur par l'Association. Cette dernière relève directement des autorités supérieures locales et n'a seulement de rapports qu'avec celles ci.

Art. 6. Les membres cessant d'appartenir au cadre de l'Annam, en service détaché ou hors cadre, peuvent continuer à être membres de l'Association, à condition qu'ils paient régulièrement les cotisations prévues à l'article 27 ci-après. Ils sont soumis envers l'Association aux mêmes obligations que les membres en service en Annam.

III

Administration

Art. 7. — L'Association est administrée par un comité, siégeant à Hué, composé de quatre membres savoir :

1 Président

1 Secrétaire

1 Trésorier

1 Conseiller-Commissaire

Art. 8. — Les membres du comité sont élus pour un an, au scrutin secret, en Assemblée Générale, et à la majorité des suffrages exprimés. Dans le cas où des camarades obtiennent un nombre égal des voix, l'élection est acquise aux plus âgés

Les membres sortant sont rééligibles.

Les membres des provinces adressent au comité leur vote sous double enveloppe cachetée portant l'inscription : «*Vote à l'Assemblée Générale*» qui ne seront dépouillées qu'à la réunion de celle-ci.

Art. 9. — Le comité se réunit sur la convocation du Président ou sur la demande de deux de ses membres.

En cas d'urgence ou d'empêchement, une consultation à domicile peut être ordonnée par le Président.

Art. 10 — En cas de vacances dans son sein, le comité pourvoit aux remplacements nécessaires en choisissant parmi les membres actifs restant à Hué, sauf pour le remplacement du Président et du Trésorier qui doivent être élus par l'Assemblée Générale. Le mandat des membres ainsi désignés expire en même temps que celui du comité lui-même.

Art. 11. — Les délibérations du comité ne sont valables qu'avec une majorité de trois voix et sont consignées sur les procès-verbaux signés de tous les membres présents.

Art. 12 — Il est nommé annuellement par le conseil d'administration, sur la désignation faite par les membres des localités intéressées deux délégués régionaux, l'un à Vinh l'autre à Binh Dinh, qui rempliront les fonctions d'intermédiaires entre les camarades en service au Nord et au Sud et le conseil central de Hué.

Les fonctions des délégués régionaux sont déterminées à l'article 17 ci-après.

Fonctions respectives des Membres du Conseil d'Administration et des Délégués Régionaux.

Art. 13. — Le Président a la direction des débats dans les Assemblées Générales et réunions du Conseil d'Administration. Il assure l'application des statuts et représente l'Association en toutes circonstances.

Art. 14. — Le Secrétaire supplée le Président en cas d'absence ou d'empêchement de celui-ci. Il le remplace alors dans toutes ses attributions. Il est chargé en outre de la rédaction des procès-verbaux, de la correspondance et de la conservation des registres et archives de l'Association.

Dans tous les cas de partage des voix, dans les délibérations et votes, soit au sein du conseil d'administration, soit à l'Assemblée générale, l'avis du Président ou du Secrétaire qui le remplace, a voix prépondérante.

Art 15. — Le Trésorier établit les recettes et les dépenses qu'il inscrit sur un livre de caisse coté et paraphé par le Président. Il est chargé du recouvrement des cotisations, souscriptions et subventions ou donations dont il délivre reçu par quittances à souches contre-signées par le Président. Il paie les dépenses au vu d'ordre de paiement établi par le Secrétaire et visé par le Président.

Par procuration spéciale et sous la responsabilité entière du Président, le Secrétaire peut établir et viser lui-même les ordres de paiement

Le Trésorier présente au Président, chaque fois qu'il le demande, le livre de caisse mis à jour et lui fournit des explications utiles sur la situation de la caisse dont il est seul responsable. Il rend compte de sa gestion en fin d'année à l'Assemblée générale.

Art. 16 Le conseil d'administration nomme tous les semestres et chaque fois qu'il le juge utile, une commission des finances composée de trois membres chargée du contrôle des recettes et des dépenses et notamment de l'examen des faits et actes du Trésorier au point de vue des ressources et fonds social.

En cas de fraude ou d'escroquerie, le Trésorier sera poursuivi devant le tribunal français.

Art. 17. - Les délégués régionaux représentent l'Association et le conseil d'administration de Hué en toutes circonstances dans leurs circonscriptions respectives. Ils transmettent les instructions ou informations venant du conseil d'administration de Hué aux camarades de leurs centres. Ils sont chargés du recouvrement des cotisations ou souscriptions des membres de leurs ressorts et les envoient au trésorier de l'Association. Toutes les affaires de l'Association leur seront soumises directement ainsi que les réclamations en cas de retard dans le versement des cotisations.

Les membres résidant au Tonkin, à Dalat et dans les autres parties de l'Union indochinoise relèvent directement et n'ont de rapports qu'avec le conseil central.

Toutes les fonctions de l'Association sont exclusivement gratuites.

Les frais de correspondances résultant de l'échange des lettres, télégrammes et mandats effectués par les délégués régionaux peuvent être remboursés à chaque trimestre au vu d'un état justificatif dûment signé par les agents qui en font l'avance. Ces états de remboursement doivent être vérifiés. visés et approuvés par le Président.

Les délégués régionaux n'ont pas de fonds d'encaisse. Toutes sommes recouvrées doivent être immédiatement envoyées à Hué au nom du Trésorier de l'Association. Néanmoins une petite avance à charge de justification ultérieure prélevée sur les cotisations pourra leur être consentie, s'ils le désirent.

Art. 18. — Un membre est désigné tous les ans, par le conseil. comme délégué près de l'Œuvre des Secours et d Assistances mutuels fondée par les diverses amicales des fonctionnaires indigènes de l'Annam depuis le mois d'Août 1924.

Toutes recettes et dépenses relatives à cette œuvre ne peuvent être immiscées dans celles de l'amicale. Le délégué de cette œuvre a une caisse spéciale dont il est seul responsable.

Il rend compte de sa gestion, de la situation de sa caisse et des mutations survenues dans l'année individuellement à chacun des membres de l'Association participant à cette œuvre. Une copie de son rapport de gestion est déposée au bureau du conseil d'administration.

Le mandat des délégués régionaux et du délégué de l'œuvre expire en fin d'exercice avec le comité lui-même

V

Admission — Démission — Radiation — Exclusion

Art. 19. — Les demandes d'admission comme membre actif sont adressées au Président. Le candidat doit déclarer dans sa demande écrite avoir pris connaissance parfaite des présents statuts auxquels il s'engage à se conformer strictement. Son admission n'a lieu qu'après un vote du conseil d'administration à la majorité des voix.

Le vote est exprimé par des bulletins « Oui ou non » déposés dans l'urne.

En cas d'inadmissibilité, le postulant ne peut demander à connaître les motifs du refus.

La date d'inscription sur le registre matricule de l Association est portée à la connaissance du nouveau membre par lettre émanant du comité.

Après avoir été admis, le nouveau membre est tenu de payer immédiatement le droit d'entrée de trois piastres prévu à l'artiele .7.

Toute demande d'admission doit énoncer si le postulant. est marié s'il a des enfants et le nombre de ceux-ci.

Art. :0. — Tout membre est libre de donner sa démission par lettre adressée au Président de l'Associaton, après avoir toutefois payé les cotisations arriérées.

Art. 21. — Tout membre qui n'a pas acquitté ses cotisations mensuelles pendant six mois, est rayé définitivement de l'Association après un dernier avis qui lui est adressé par lettre recommandée avec accusé de réception et est resté sans réponse pendant un mois à compter de la date de l'envoi de la lettre.

Tout membre rayé d'office ou démissionné ne pourra être réadmis qu'après avis du comité. Il sera tenu de payer intégralement l'arriéré dont il est resté débiteur envers l'Association avant et après sa radiation. Il paiera en outre des frais de correspondances fixés à 3$00 Il ne sera pas soumis à un nouveau droit d'entrée.

Art. 22. — La qualité de membre se perd par l'exclusion définitive :

1· — pour avoir été révoqué, licencié pour affaire de service ou pour inaptitude professionnelle et démissionné de son emploi administratif ;

2· - pour avoir été l'objet d'une condamnation infamante ;

3· — pour avoir causé un préjudice grave aux intérêts de l'Association ;

4· — pour avoir fait profiter des avantages de l'Association un tiers non autorisé ;

5· - pour avoir commis et recommencé dans l'espace d'un an, après deux rappels à l'ordre, des actes scandaleux pendant les séances ;

6. — pour s'être livré à des injures ou voix de fait envers un membre chargé ou non d'une fonction ou d'une mission

L'exclusion prévue aux paragraphes I et II est prononcée d office par le conseil d'administration à la première séance.

Celle prévue aux paragraphes III, IV, V et VI est prononcée par l'Assemblée Générale à la majorité des membres présents sur le rapport du conseil d'administration ou sur une demande signée de quatre membres au moins. Le membre intéressé dûment appelé à fournir des explications.

Art. 23. — Tout membre démissionnaire, radié ou exclus du contrôle ne peut prétendre à aucun des avantages de l'Association ni réclamer les sommes qu'il a versées à quelque titre que ce soit ; ces sommes resteront acquises à la caisse de l'Amicale.

Art. 24. — A chaque assemblée générale ordinaire, le conseil d'administration présente la liste des admissions, démissions, radiations ou exclusions survenues dans l année. Cette liste doit être également communiquée à tous les membres absents de l assemblée.

VI

Ressources et fonds social

Art. 25 Le fonds social se compose :

1· — des droits d'entrée de trois piastres (3$00)

2· — du produit des cotisations mensuelles et des souscriptions éventuelles faites exclusivement par les membres ;

3· — de la somme de deux piastres (2$00) versée à chaque nouvelle promotion ;

4· - des subventions ou donations qui peuvent lui être accordées, et en général, de tous ses revenus.

Art 26. — Le trésorier ne peut avoir en caisse qu'un fonds de roulement de deux cents piastres (200$00), le surplus est placé, dès qu'il atteint la somme de cinquante piastres (50$00) à la Banque de l'Indochine à Tourane ou employé à l'achat de coupons d'emprunt au nom de l'Association.

En cas de placement à la Banque, le retrait de ces fonds décidé par le conseil d'administration, a lieu au fur et à mesure des besoins, sur signature du Président et du Trésorier.

VII

Obligations des membres actifs envers la société

Art. 27. — Les membres actifs paient, aussitôt admis, un droit d'entrée de trois piastres (3$00) et une cotisation mensuelle de cinquante cents (0$50) En outre ils versent une somme de deux piastres (2$00) à chaque nouvelle promotion.

Les membres qui ont le grade de stagiaire versent également deux piastres (2$00) au moment de leur titularisation.

Les membres (agents stagiaires non titularisés et licenciés pour inaptitude professionnelle ont droit à la restitution totale de leurs versements, à moins qu'ils en fassent don à l'Amicale.

Par contre, ceux qui ont obtenu, durant leur stage, une allocation ou un secours de l'Association à quelque titre que ce soit, n'ont plus droit à la restitution de leurs cotisations, même en partie.

Art 28. — Pour tout membre nouvellement admis, la cotisation mensuelle est due pour le mois entier, quelle que soit la date de son admission.

Art. 29. — La cotisation est due dans tous les cas, même en cas de congé administratif ou de permission.

Les sociétaires ont la faculté d'effectuer le versement de leurs cotisations par anticipation.

Les sociétaires partant en congé pour affaires personnelles ou en disponibilité sans traitement sont dispensés de cotisations jusqu'à leur rentrée en fonction. Néanmoins, la cotisation est due intégralement pour le mois de départ et celui de retour.

Tout membre hospitalisé d'une durée égale ou supérieure à deux mois, tout membre en congé de convalescence à solde réduite d'une durée égale ou supérieure à trois mois, peut demander la réduction partielle ou la remise totale de ses cotisations. Le conseil d'administration décide, s'il y a lieu ou non, de faire droit à sa demande. Aucune demande de remboursement total ou partiel n'est admise avant la sortie de l'hôpital. du réclamant.

Art. 30. — Dans le cas où le capital de la société serait insuffisant pour faire face au paiement des allocations, secours ou toutes autres dépenses d'intérêt social, l'Assemblée générale sera convoquée par le conseil d'administration pour décider, s'il y a lieu, d'opérer un versement supplémentaire auquel tous les membres devront se soumettre et qui sera réparti par parts égales entre eux.

VIII

Obligations de la société envers les membres

Art. 31. – En cas de décès d'un membre, l'Association concourt aux frais de funérailles par une allocation plus un cadeau mortuaire composé d'un panneau et d'autres objets rituels en usage, le tout représentant la somme totale de trente piastres (30$00).

La veuve et les orphelins ou à défaut de ceux-ci, les parents directs (père et mère) recevront en outre un secours de cent piastres.

Si le défunt n'a pas de parents directs (femme, enfant, père ou mère) le secours prévu peut être alloué, sur demande écrite faite au Président, à la personne chargée des funérailles et du culte, mais réduit de moitié c'est-à-dire de cinquante piastres (50$00).

Tous les membres sont tenus d'assister à l'enterrement sauf ceux qui sont retenus par le service, empêchés par la distance ou par des cas de force majeure.

Art. 32. – En cas de décès de parents (père et mère) ou de l'épouse légitime d'un membre, il sera attribué à ce dernier un secours de soixante piastres (60$00) y compris les frais du cadeau mortuaire.

L'épouse légitime est celle que le sociétaire déclare dans sa demande d'admission ou par lettre de faire part au moment de son mariage.

Le sociétaire n'a droit qu'une fois à l'indemnité pour le décès de son épouse légitime. Au cas où le sociétaire se remarierait, et où sa nouvelle épouse décéderait, il n'aurait pas droit de prétendre à un nouveau secours.

En cas de divorce, celle qui vient après la divorcée peut prétendre au secours prévu. Le mari doit en informer de suite le comité par une nouvelle déclaration.

Art. 33. — La contribution de l'association aux frais de funérailles des beaux parents (beau père, belle-mère) décédés est fixée à quarante piastres (40$00), cadeau compris.

Le secours et l'allocation prévus aux articles 32 et 33 restent toujours acquis même si ces décès sont survenus après celui du membre.

Art. 34. — Pour tous les autres membres de la famille d'un sociétaire (frères, sœurs, enfants, grand-père, grand' mère etc..) la Société est tenue de rendre visite à la famille infortunée et au besoin, un cadeau mortuaire variant de (3 à 5 $) trois à cinq piastres pourra être accordé par le conseil d'administration qui décide en séance ou par consultation écrite à domicile faite individuellement à chacun des membres.

Art. 35. — Pour pouvoir prétendre à des secours, cadeaux visés dans les articles 32, 33 et 34, chaque membre est tenu d'informer immédiatement le Président de l'Association du décès survenu en la personne d'un membre de sa famille par lettre ou télégramme. Tous les membres seront ensuite informés de l'avis de décès par circulaire signée du Président.

Art 36. — Les membres admis à la retraite, licenciés pour raison de santé ont droit, au moment où ils cessent de faire partie de l'association, à une allocation unique de cent piastres (100$00), à l'exclusion des autres bénéfices.

Néanmoins, un cadeau mortuaire de quinze piastres (15$00) pourra être offert à la famille au moment du décès de ces sociétaires et, de dix piastres (10$00) au moment du décès d'un des membres de leur famille à condition que le Président soit avisé comme il a été prescrit à l'article 35.

Art. 37. – Lorsque plusieurs fréres sont membres actifs, chacun d'eux aura droit, lors du décès de leur pére ou mère, au secours prévu à l'article 32 avec un cadeau mortuaire unique.

Art. 38. – Les membres de l'Association qui demandent l'appui de celle-ci, devront en faire une demande écrite au Conseil d'administration qui examinera en séance s'il y a lieu d'intervenir en leur faveur.

Art. 39 — A part des allocations et secours de toute nature prévus aux articles précédents le Conseil d'administration peut décider d'engager d'autres dépenses d'intérêt social ou de frais de bureau, mais le montant ne doit être supérieur à dix piastres (10$00); tout dépassement doit faire l'objet d'une délibération en Assemblée générale.

IX

Assemblée Générale

Art. 40. — L'Assemblée générale des membres se réunit obligatoirement une fois par an, dans la première quinzaine du mois de Mars.

Son ordre du jour est réglé par le conseil d'administration. Elle entend les rapports sur la gestion du conseil d'administration, sur la situation financière et morale de l'Association. Elle approuve les comptes de l'exercice clos, vote le budget de l'exercice suivant et procède au renouvellement des membres du comité.

L'Assemblée générale ordinaire fait l'objet d'une convocation écrite qui doit être adressée à tous les membres vingt jours avant la date fixée. Une liste des candidats présents à Hué doit être jointe à celte convocation.

Art. 41. — L'Assemblée générale peut être convoquée à titre extraordinaire, sauf à l'approche de l'Assemblée générale ordinaire, soit par le conseil d'administration, soit sur une demande écrite signée de huit membres, chaque fois qu'il y a à solutionner des questions présentant un caractère important et urgent.

L'ordre du jour de ces séances extraordinaires est réglé par le conseil d'administration et joint à l'avis de convocation. En conséquence tout membre qui désire saisir l'Assemblée générale de propositions quelconques doit au moins cinq jours à l'avance les faire inscrire à l'ordre du jour.

Pour des questions moins urgentes mais nécessitant la solution à l'Assemblée générale, le comité procède à la demande d'avis individuels préalables de tous les membres avant la délibération de l'Assemblée.

Art. 42. — Les délibérations de l'Assemblée générale (ordinaire et extraordinaire) ne sont valables que si les deux tiers des membres actifs ou fondateurs habitant Hué sont présents.

Toutefois, dans le cas où après deux convocations faites à une semaine d'intervalle, ce chiffre n'est pas atteint, l'Assemblée générale peut délibérer valablement quel que soit le nombre des membres présents.

Les membres empêchés ou n'habitant pas Hué peuvent se faire représenter à l'Assemblée générale par procuration faite à un membre de l'Association.

Le mandataire peut représenter un ou plusieurs membres.

Tout vote a lieu par assis ou levé ou par scrutin secret, ce dernier mode, pour être employé, doit être réclamé par trois membres ou par le Président lui-même.

Il est dressé procès-verbal des délibérations signées par le Président, le secrétaire et les membres présents.

X

Police et disciplines intérieures.

Art. 43. — Tout membre du conseil d'administration qui manque à trois séances successives, sans avoir justifié ses absences est considéré comme démissionnaire de ses fonctions. Le conseil d'administration pourvoit immédiatement à son remplacement.

Le conseil d'administration peut demander à l'Assemblée générale de relever de leurs fonctions ceux de ses membres qui ne s'acquittent pas convenablement des attributions à eux dévolues par les présents statuts.

Art. 44. — Dans l'Assemblée générale comme dans toute réunion du conseil d'administration, tout membre voulant prendre la parole doit la demander au Président qui, dans le cas de plusieurs demandes, indiquera le tour de chacun.

Art. 45. — Tout membre qui trouble le cours des séances, qui se présente en état d'ivresse ou en tenue incorrecte doit, sur l'ordre du Président, quitter immédiatemant la salle de réunion. En cas de refus, et s'il y a récidive, l'exclusion peut être prononcée contre lui (application du paragraphe 5 de l'article 17).

XI

Dispositions générales

Art. 46. — L'Association interdit expressément toutes discussions politiques ou religieuses ou tous actes étrangers à son but.

Art. 47. — Les présents statuts sont révisibles, ils ne peuvent être modifiés que par l'Assemblée générale.

Toutes propositions de modifications devront être adressées au Président du Conseil d'administration avant chaque réunion de l'Assemblée générale.

Les modifications aux statuts ne pourront être mises en viguenr qu'après avoir été aprouvées par Monsieur le Résident Supérieur en Annam.

Art. 48. – Les membres dont la situation est régulière au point de vue des cotisations, auront le droit de consulter tous les registres de délibération ou de comptabilité de l'Association. Ces consultations ont lieu avec l'autorisation du conseil d'administration et en présence du conseiller-commissaire.

Art. 49. — La dissolution de l'Association ne peut être prononcée qu'en Assemblée générale spécialement convoquée a cet effet.

En cas de dissolution, les 2/3 du fonds existant seront répartis à parts égales entre les membres actifs faisant en ce moment partie de l'Association. Les fonds restant libres après cette restitution seront versés à une œuvre de bienfaisance ou à tout autre société annamite ayant un caractère d'utilité publique.

Art. 50. — Les présents statuts annulent et remplacent ceux du 11 Octobre 1919 approuvés le 29 Octobre de la même année, ainsi que les dispositions additionnelles antérieures».

*
* *

Adopté par l'Assemblée Générale du 27 Mars 1926.

Fait à Hué, le 27 Mars 1926
Le Président,
Signé : VO-DUONG.

Vu et approuvé :
Hué le 4 Juillet 1926
Le Résident Supérieur en Annam
Signé : P. PASQUIER.

www.ingramcontent.com/pod-product-compliance
Lightning Source LLC
LaVergne TN
LVHW052029160826
845678LV00003B/1251

9782329630151